L'AFFAIRE HIRAM

l'enquête

REAA – du 3ᵉᵐᵉ au 14ᵉᵐᵉ degré

Auteur : Pascal Nivard

page blanche

AMI   LECTEUR,

Si tu n'as pas encore reçu les secrets du 14ème degré, tu peux malgré tout lire le présent ouvrage.

Saches cependant que tu te priveras ainsi de l'émotion de la découverte des mystères de la loge de Perfection.

A toi de voir !

L'AFFAIRE HIRAM

C'est une vision absolument captivante : les contours de l'histoire sont juste assez précis pour la rendre convaincante, mais certainement pas assez pour qu'on se dise : « *aucun doute, cette version des faits est la bonne !* ». C'est une hypothèse assez séduisante, qui permet à chacun de façonner le mythe d'Hiram à sa façon : on peut en faire tout ce qu'on veut, les possibilités sont vastes.

Mais il s'agit forcément de quelque chose de bon, qui peut transformer notre vie !

Ma quête du mythe d'Hiram a transformé ma vie, ce qui, à mes yeux, est la preuve qu'elle n'est pas vaine. Une expérience transformative n'est pas nécessairement brutale et radicale. Dans mon cas, elle a été progressive et marginale, mais elle m'a profondément transformé sur le long terme.

Le soir, je m'endors avec un large sourire et la conscience légère. Ce matin, je me suis réveillé en me disant : « *Que me réserve cette journée ? Qu'est-ce que je peux apporter?* ». De cette attitude découle la paix intérieure, le courage, et l'engagement nécessaire à la vie. Tous les êtres humains, de toutes les cultures, peuvent l'adopter à tout moment, et c'est cette faculté qui est l'essence même du symbolisme.

sommaire

Les héros n'ont jamais été des rois : ils ont souvent été contre l'avis des rois, ce qui en fit des héros. Citons pour exemple Jésus, Persée, Galaad, etc... C'est leur courage à remettre en cause l'ordre établi qui en a fait des héros. Hiram ne faillit pas à la tradition, en étant le héros, face à 2 rois : Salomon et Hiram de Tyr.

Sans Judas, il n'y aurait pas eu de christianisme. Judas est l'agent de la rédemption du Christ.

Sans les 3 mauvais compagnons, Hiram ne serait ni mort ni reparu : il n'y aurait pas de Franc-maçonnerie.

Pour ce « roman à clef », comme tous les mythes, cet ouvrage est un support.

De même que l'Eglise n'a retenu que quatre des Evangiles pour son canon, mais que tous les autres valent d'être lus et décryptés, le Rite Ecossais ancien et Accepté est riche de multiples interprétations. Ce qui compte, c'est que chacune nous aide à nous élever, à être véritablement libre et de bonnes mœurs, à intégrer en nous les valeurs et les vertus qui font l'homme juste, le maçon vrai en toute circonstances, et à écarter, autant que faire se peut, les ennemis intérieurs qui sont la survivance des Mauvais Compagnons meurtriers d'Hiram.

La présente vision détaillée n'est pas hétérodoxe : elle mérite d'être proposée à la réflexion de nos Frères...

PROLOGUE

Chacun d'entre nous a vécu des moments où la parole ne suffit plus. Des moments de joie, des moments d'amour, des moments de tristesse, de chagrin, des moments de peur, de stupeur : le langage ne suffit plus, ce qu'on veut dire ne passe plus par les mots. Le symbolisme, c'est ce langage qui, à partir de figures, de couleurs, de nombres, parfois simplement de situations, réveille en écho quelque chose d'autre. Ce réveil en chacun d'entre nous, très personnel, est difficile à partager car l'écho s'appuie sur le vécu de chacun, toujours différent par nature. La symbolique est un langage qui permet d'éclairer le passé, et de le transmettre sans déformation au futur.

Cet opuscule est né dans mon esprit lorsque j'ai pris le temps d'approfondir le rituel de chacun des degrés, du $3^{\text{ème}}$ au $14^{\text{ème}}$, du Rite Ecossais Ancien et Accepté, pratiqués pour le $3^{\text{ème}}$ degré par la Grande Loge de France, et pour les suivants par le Suprême Conseil de France. C'est un travail d'ensemblier, qui appréhende la légende dans sa globalité, associant toutes les situations dans une lecture globale, et non pas séquentielle.

Nota Bene : Il traite non seulement des rituels actuellement pratiqués (3, 4, 9, 12, 13 et 14), mais également de textes de recherches dactylographiés en 1960, inspirés d'un texte de 1925 disparu, non validés à l'époque par le SCDF[1] (degrés 5, 6, 7, 8, 10 et 11).

---

[1] Document dactylographié par André Bastien, vers 1960, d'un document Suprême Conseil de France (vers 1925 ?) disparu. (Claude G le 14/12/2009.)

Cet ouvrage s'en tient presque exclusivement à ces textes. Les parties en italique sont extraites de ces rituels.[2]

Les degrés en loge de perfection sont souvent étudiés séquentiellement, en omettant que les travaux ne se font plus degré par degré, mais dans les hautes sphères de la connaissance. Ils ne peuvent s'éclairer que pris dans leur ensemble, ce qui peut se faire au 14ème degré. Ainsi, je propose de les relire en prenant de la hauteur, tout en s'attachant au texte, dans un regard inhabituel, mais que ne démentent pas les rituels.

Le présent document est divisé en 5 parties :
- Les personnages de la légende,
- Les maximes des degrés,
- L'histoire en mouvement,
- Et si le regard changeait,
- Une lecture symbolique de cette nouvelle vision.

---

[2] Il est à noter que de nombreuses précisions *(ex : Ruth, veuve de Mohabon, épousa Booz - nota en page 14 au 5ème degré, origine et morale du grade au 7ème degré, ...)* ont disparu de la version 2013 des rituels du SCDF , mais également que quelques unes sont apparues *(ex : présence d'Hiram de Tyr au 10ème degré)*. Les légendes des grades sont particulièrement concernées.

Ce n'est pas ce que disent les autres qui forge le maçon, mais plutôt ce qu'il en pense. Comme il est dit :
- au 4ème degré, « *Respectez toutes les opinions, mais ne les acceptez pour justes que si elles vous apparaissent comme telles après les avoir examinées* »,
- au 10ème degré : « *nul n'a le droit de prétendre connaître la vérité* »,
- et au 14ème degré : « *Je jure de suivre en toutes occasions la voix de ma conscience* ».

C'est ce qui a été fait ici.

INTRODUCTION

Quelques unes des questions que se pose le nouvel initié au 3ème degré concernent l'éventuelle préméditation, ainsi que le motif du meurtre.

Y-a-t-il eu préméditation[3] de tuer ?

- Dans la négative, les trois compagnons se seraient simplement entendus pour être sûr qu'au moins l'un d'entre eux verrait Hiram, et pourrait ainsi le questionner. L'idée de tuer serait-elle apparue au fur et à mesure de la réaction du Maître ?

- Dans l'affirmative, ils auraient planifié le crime, tuant ainsi déjà le père dans leur esprit, avant de le tuer dans sa chair[4]. Mais alors, pourquoi ne pas le tuer à la première porte ?

Tant de questions que nous allons aborder dans cet ouvrage.

Pourquoi tuer Hiram Abif ? le mobile du crime.

- S'agit-il uniquement d'une vengeance des 3 compagnons qui ne s'estiment pas reconnus dans

---

[3]Le crime est l'infraction la plus grave. L'assassinat va donner à l'homicide des qualifications beaucoup plus importantes, qui, normalement, doit emporter une peine plus importante. On peut répondre que la préméditation est caractérisée, car ils ont les armes, ils se sont pré-positionnés.

[4] Réflexion très œdipienne, qui illustre un désir d'affranchissement.

la valeur de leur travail ? Ou peut-être à cause du refus d'Hiram de leur confier le mot de passe qui permet d'accéder à la Maîtrise, c'est-à-dire à un autre statut social ? Ou bien encore pour simplement obtenir une augmentation de salaire sans plus d'arrière pensée ?

- Au plan symbolique, ne peut-on considérer qu'il y avait intention de supprimer les 3 classes d'ouvriers[5] , de la hiérarchie, pour les réduire en une seule et unique classe, effaçant ainsi toute idée d'ambition, créant ainsi une égalité de reconnaissance entre tous les initiés ? de fonder une nouvelle organisation du chantier ? Ne peut-on voir le fait de « tuer le père » en la personne d'Hiram Abif pour prendre sa place[6] ?

- Serait-ce la Jalousie de Salomon qui voit la réputation du Maître du chantier commencer à se répandre au dehors de la ville, mettant ainsi à mal son ego surdimensionné *(voir note de bas de page 25 – 6ème degré)* ? et qui encourage les meurtriers, devenant ainsi le « donneur d'ordre » ?

- Y-a-t-il des circonstances atténuantes ?

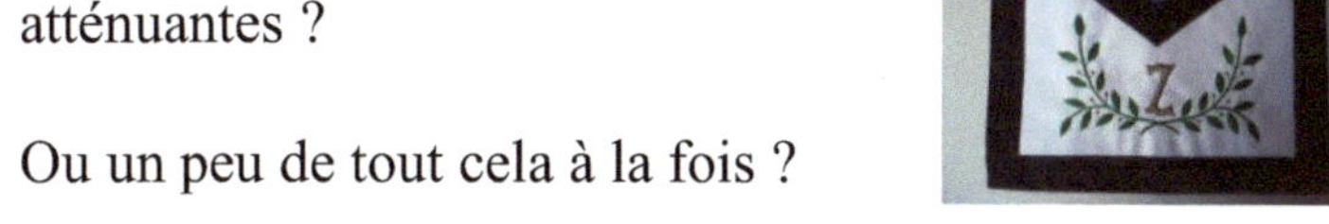

- Ou un peu de tout cela à la fois ?

---

[5]Cela conduirait à éclairer les 5ème et 12ème degré dans lequel Hiram de Tyr et Salomon sont absents.

[6]Cela deviendrait un meurtre rituellique, pour réorganiser le rite, mais avec une large complicité au sein des ouvriers.

LES PERSONNAGES

Rappel sur les loges de perfection

L'enseignement dans les Loges de Perfection est centré sur la recherche de la Parole perdue après le meurtre d'Hiram.

Il ne s'agit pas de l'acquisition d'un savoir ou d'une culture, mais de la recherche d'une Connaissance métaphysique.

Cet enseignement constitue la poursuite et l'approfondissement du symbolisme du Temple de Salomon, partant de la légende d'Hiram du 3ème degré. Il fait donc référence à l'Ancien Testament, mais conduit vers la Loi nouvelle.

Il se rapporte au meurtre et au remplacement d'Hiram, à la punition de ses meurtriers et à la récompense des services rendus par certains Maîtres.

Ce sont 22 acteurs qui sont identifiés dans les rituels. De près ou de loin, ils sont tous impliqués, et nous allons rappeler les citations qui concernent chacun d'entre eux.

HIRAM ABIF

3ème degré

> La victime.

4me degré

> *Vous voyez notre Loge en deuil et les Frères encore plongés dans la douleur que leur a causée la mort du Maître Hiram. À la suite de cette mort, la Lumière et la Vérité ont été éclipsées.*
>
> *La douleur provoquée par la perte de ceux que nous aimons est naturelle, mais les lamentations sont stériles et nous devons nous rappeler que ce n'est pas seulement la disparition d'un ami et d'un bienfaiteur qui nous afflige : nous déplorons aussi la perte de la vraie Parole dont nous sommes maintenant privés.*
>
> *Nous devons inlassablement la rechercher jusqu'à ce qu'elle soit retrouvée.*

Hiram Abiff

SALOMON

3ème degré

> Dans le manuel d'instruction du 1er degré (GLDF[7]), il est indiqué que le Vénérable Maître représente Salomon. Le doute subsiste car aux premier et second degrés, le maître de la loge qui dirige les travaux est Hiram[8], maître d'œuvre, et non pas Salomon, maître de l'ouvrage. De plus, au 3ème degré, tous les assistants portent le chapeau de maître, le Très vénérable maître étant un pair parmi ses pairs. Toutefois, lors de la cérémonie de réception du 3ème degré, il occupe deux rôles distincts : égal aux autres quand il raconte l'histoire, il devient Salomon quand il donne ordre aux Frères d'aller chercher Hiram, et dans la suite de la cérémonie.

4ème degré

> Président et est appelé *Trois Fois Puissant Maître Comme le demandait à l'Éternel le Roi Salomon: « Accorde donc à ton serviteur un cœur intelligent pour juger ton peuple, pour discerner le Bien du Mal. (II Rois 3 : 9) »*.

5ème degré

> Absent de ce degré.
>
> *Quand la vengeance fut accomplie, le corps fut déposé dans l'obélisque et couvert par une pierre triangulaire sur laquelle étaient gravées les lettres*

---

[7] Grande Loge de France

[8] On pourrait même anticiper sur le 3ème degré en considérant dès à présent que c'est plutôt Adoniram qui dirige les travaux. En effet, si Hiram n'était pas encore mort, alors le REAA serait réduit aux deux premiers degrés !

M:. B:. N:. et une branche d'Acacia au-dessus de ces lettres. Le tombeau était placé dans son appartement séparé du Temple, où Salomon avait coutume de tenir son Chapitre, pour conférer avec Hiram, roi de Tyr, et Hiram-Abif, sur les sacrés mystères.

6ème degré

Président : et n'a pas de titre particulier
Etablit une nouvelle alliance avec Hiram de Tyr.

7ème degré

Absent de ce degré.
Créateur du grade, qu'il transmettra ensuite à Adoniram .

8ème degré

Président et est appelé *trois fois puissant*

9ème degré

Président, et est appelé *très souverain maître*

10ème degré

Président et est appelé *très illustre maître*

11ème degré

Président et est appelé *trois fois puissant*

12ème degré

Absent de ce degré.

13ème degré

Président et est appelé *trois fois puissant grand maître*

14ème degré

Président et est appelé *trois fois puissant grand maître*

Hiram de Tyr

6ème degré

> Assiste Salomon
>
> *Etablit une nouvelle alliance avec Salomon*

10ème degré en 2013[9]

> 1er surveillant, et est appelé *inspecteur*

13ème degré

> Assiste Salomon et est appelé *grand inspecteur*

14ème degré

> Assiste Salomon et est appelé *respectable frère premier grand surveillant*

---

[9] Dans la version 1992 du rituel, Hiram n'est pas cité.

SEPT maîtres

4ème degré

> *Désignés par Salomon, admis au rang des lévites, pour poursuivre l'œuvre d'Hiram dans l'achèvement du temple et construire le tombeau du Maître.*
> *Adoniram en sera le chef.*

Cf. Adoniram .

QUINZE maîtres

5ème degré

> *Mohabon, accompagné de quinze Maîtres qui avaient été choisis pour aller à la recherche d'Hiram-Abif, vint d'abord au Temple ...*

11ème degré

> *La vengeance des trois assassins étant accomplie, Salomon, pour récompenser le zèle, le travail et la constance des 15 élus, pour leur donner un grade plus élevé et pour n'admettre entre eux aucune préférence, choisit par bulletins 12 d'entre eux, et ordonna que les 12 premiers noms qui sortiraient de l'urne seraient ceux qui formeraient un Grand Chapitre, et qui commanderaient les 12 tribus d'Israël.*

> *Johabert surveillait la tribu de Juda.* [10]
> *Stolkin celle de Benjamin*
> *Morphy   Ephraim*
> *Tony   Siméon ·*
> *Alguebar   Manasse .*
> *Noizon   Zébulon·*
> *Kereme   Dan*
> *Bertamer   Aser*
> *Tito   Nephtalim*
> *Zerbal   Puben*
> *Benagar   Issachar*
> *Tabor   Gad*

---

[10] Les noms des inspecteurs et des tribus ont évolués légèrement dans la version 2013 du rituel.

Ces douze Maîtres rendaient compte à Salomon de tous les ouvrages faits, ils recevaient le salaire de tous les ouvriers et le distribuaient à chaque tribu.

ADONIRAM

4ème degré

> *Ami d'Hiram Abif.*
>
> *Appelé le premier, et chef des travaux des 7 maîtres.*
>
> *Adoniram, fils d'Abda, de la tribu de Dan avait conduit les travaux du Temple avant l'arrivée à Jérusalem d'Hiram-Abi, dont il était l'ami. Il fut ensuite envoyé sur le Mont Liban pour diriger les ouvriers chargés d'abattre les cèdres destinés à l'édification du Temple. Puis, il fut rappelé à Jérusalem après la mort d'Hiram-Abi.*
>
> *Le Premier Inspecteur représente Adoniram.*

5ème degré

> *Le Président, qui prend le titre de Trois Fois Respectable Maître[11], représente Adoniram, fils d'Abda, de la tribu de Dan, qui conduisait les travaux du Temple avant l'arrivée d'Hiram-Abif à Jérusalem, fut envoyé sur le Mont Liban pour inspecter les travaux qui s'y faisaient pour l'usage du Temple ; il fut rappelé à Jérusalem après la*

---

[11] Il organise pour le compte de Salomon.

mort d'Hiram·Abif et eut l'honneur d'être le premier des sept Maîtres qui lui furent substitués.

Ami de Salomon.
Salomon, étant informé que le corps d'Hiram-Abif avait été retrouvé et déposé dans la partie la plus basse du temple, en voulant conserver les précieux restes de ce Grand Homme, ordonna au Resp∴ Adoniram, son Ami, de lui faire des funérailles les plus pompeuses possibles, et défendit, en même temps d'effacer les marques de sang qui étaient répandues dans le Temple jusqu'à ce qu'on eut tiré vengeance, et que tous ceux qui assisteraient à ces funérailles, fussent décorés de tabliers et de gants blancs.

Le noble Adoniram fut nommé, en ce moment, Grand Architecte en Chef des ouvrages. Il donna le plan d'un superbe monument de marbre blanc et noir pour être élevé à la mémoire d'Hiram-Abif: ce qui fut terminé en neuf jours.

7ème degré

Il est institué, par Salomon, chef des Prévôts et Juges, juste après Tito, institué prince des Harodim.
Il reçoit, en même temps que Johaben et Tito, la clef d'or qui ouvre la petite boîte d'ébène[12].

8ème degré

Second surveillant, et est appelé *introducteur.*

---

[12]On se souviendra que l'ivoire représente l'homme, et l'or le soleil, la spiritualité. La clef en ivoire du 4ème degré incite l'homme a chercher plus loin, alors que celle d'or du 7ème degré ouvre la voie.

Salomon l'établit, avec Tito, inspecteur et conducteur de l'ouvrage (chargé des ornements de la Chambre Secrète qui renfermait l'arche).

Salomon, ayant nommé, outre Tito, Adoniram et Abda, princes des Harodim, veut donner un chef à chacun des cinq ordres d'architecture. Invité à se rendre dans la Chambre du Milieu, Adoniram y trouve Johaben, reçoit de lui les mots, signes et attouchements des trois premiers degrés, et le ramène à la porte de la loge où il frappe par trois, cinq et sept coups.

10ème degré

Second surveillant et est appelé *introducteur*[13]

14ème degré

Premier grand surveillant.

Fils d'Abda de la tribu de Dan, Intendant des Bâtiments.

STOLKIN

5ème degré

Il n'y a qu'un seul Surveillant appelé Inspecteur qui représente Stolkin.

Mohabon remercia le ciel et, conjointement avec ses compagnons, offrit des vœux et des prières au Dieu, en le remerciant d'un succès aussi signalé. Après quoi, il se mit en devoir d'accomplir l'ordre qui lui avait donné par le roi. Toujours précédé par le météore, il ne s'arrêta que sur un monticule entre

---

[13] N'apparaît pas dans la version 2013 du rituel.

Lyda [i] et Jappé[14], pour y prendre un moment de repos.

Ce fut là que le F∴ Stolkin découvrit le corps d'Hiram-Abif, ainsi qu'il est mentionné dans la légende du grade de Maitre.

9ème degré

Premier surveillant.

La tombe d'Hiram, sur laquelle était plantée une branche d'acacia, fut découverte par Stolkin, ce qui accrut la confiance que Salomon lui témoignait.

Reçoit ordre de Salomon de mettre Johaben à mort…

13ème degré

Grand inspecteur.

Fouille les ruines avec Johaben et Guibulum.

Rejoint Guibulum au fonds du puits quand celui-ci a trouvé le delta d'or orné de pierres précieuses.[15]

Remonte la pierre d'agate sur laquelle est fixée le triangle d'or, et la remet à Salomon, qui est accompagné d'Hiram de Tyr.

---

[14] Ancien nom de Jaffa, célèbre par le martyre de saint Georges. On se rappelle que saint Georges était le patron des guerriers chrétiens, et que souvent ils avaient cru le voir, au milieu des batailles, combattant avec eux les infidèles. Les croisés laissèrent à Lydda un évêque et des prêtres pour desservir les autels de l'illustre martyr (voir

```
https://archive.org/stream/dictionnairehis03calm/diction
nairehis03calm_djvu.txt)
```

[15] Cf. légende des trois mages, qui n'existait pas à l'origine du grade.

Créé chevalier de Royal Arche par Salomon.

14ème degré

Grand maître des cérémonies.
Favori de Salomon.

ZERBAL

5ème degré

Le Maître des Cérémonie représente Zerbal,
Capitaine des Gardes de Salomon,
Est nommé introducteur.

6ème degré

Capitaine des gardes, a été nommé par Salomon.

9ème degré

Zerbal, le chef de la garde, entra et déclara qu'un Étranger désirait confier au Roi un secret de la plus haute importance.

10ème degré[16]

Trouve les deux autres meurtriers dans une caverne près de Gath[17].
Porte la lettre de Salomon au roi de Gath pour pouvoir prendre les meurtriers d'Hiram, et les ramener à Jérusalem.

14ème degré

Capitaine des Gardes du roi Salomon.

---

[16] Une similitude frappante se trouve dans I Rois 2-39 et suivants.

[17] Mot qui fait penser à la racine de Graal, Gal, pierre, astragal, gaelique, … on peut traduire cette scène par la pierre cachée dans une caverne, ce qui renforce le lien avec le 9ème degré.

JAKIN

5ème degré

Il était de la tribu de Juda et de la famille de David, il était très ami de Salomon qui témoigna pour lui son attachement en lui dédiant et appelant de son nom la Colonne à gauche[18], où les Compagnons allaient recevoir leur salaire.

MOHABON

5ème degré

Son nom était Mohabon, homme vertueux pour lequel Salomon avait la plus haute estime, il était un de ses principaux intendants des Bâtiments et ami intime d'Hiram Abif. Cela détermina Salomon à l'envoyer à la recherche du corps de son Illustre Ami. Après que toutes les perquisitions avaient été inutiles, Salomon exigea de lui deux conditions [19] :
- 1. De rapporter le bijou de respectable Maitre
- 2. De découvrir les auteurs de cet horrible meurtre.

(NOTA: Mohabon, fils d'Echimelech et de Noëmi, épousa, dans le pays de Moab, Ruth. Il était mort sans enfant et Ruth, sa veuve, suivit Noëmi, sa belle

---

[18] Salomon a reçu lui-même les indications divines, et probablement ce nom, tout comme celui de l'autre colonne. Notons que le REAA en fait des personnages tels qu'évoqués ici.

[19] Dans la version 2013 du rituel, il y a une troisième mission : retrouver le corps du maître.

*mère, à Bethléem, et y épousa **Booz**, parent d'Echimelech)*[20].

D. Mohabon, accomplit-il les deux ordres du roi ?
R. Non, il ne put exécuter qu'un seul.
D. Expliquez-nous cela.
R. Mohabon, accompagné de quinze Maîtres qui avaient été choisis pour aller à la recherche d'Hiram-Abif, fut d'abord vers le Temple ? Voyant le sang qui était répandu en différents endroits, et dont les dernières gouttes étaient vers un puits de la partie septentrionale du Temple, il conclut, de suite, qu'Hiram-Abif avait été tué là et jeté dans le puits. Encouragé par l'apparition du météore lumineux qui donnait sur ce point, il se détermina à mettre le puits à sec.

Cela fait, il descendit dans le fond mais il n'y trouva point, comme il l'espérait, le corps d'Hiram-Abif. Il fut, cependant, assez heureux pour y découvrir le bijou de son Maître, d'où il paraissait certain de croire que, lorsque le Maître fut attaqué par les scélérats, il eut la précaution de jeter son bijou dans le puits afin qu'il ne tombât pas en leurs mains.

Mohabon remercia le ciel et, conjointement avec ses compagnons, offrit des vœux et des prières au Dieu, en le remerciant d'un succès aussi signalé. Après quoi, il se mit en devoir d'accomplir l'ordre qui lui avait donné par le roi. Toujours précédé par le météore, il ne s'arrêta que sur un monticule entre

---

[20] Ce nota ne figure plus dans la version 2013 du rituel.

Lyda et Joppé, pour y prendre un moment de repos. Ce fut là que le F.·. Stolkin découvrit le corps d'Hiram-Abif, ainsi qu'il est mentionné dans la légende du grade de Maître.

14ème degré

Second grand surveillant.
Le plus zélé des Maîtres de son temps, ami d'Hiram Abif.

BOOZ[21]

5ème degré

Parent d'Echimelech (instruction du grade).
Epousa la veuve de Mohabon à Béthléem.

JOHABEN

6ème degré

Il est curieux dans ce degré.
Au préalable, il était le favori de Salomon.
Seigneur de la Cour, il vient de Capuly.
Se substitue à Hiram et s'assimile à lui, dont il devient le successeur et le remplaçant[22].
Salomon et Hiram de Tyr le reçoivent Secrétaire Intime pour les articles de leur nouvelle alliance (2013 p 73).

7ème degré

Il est institué Prévôt et Juge juste après Adoniram et Tito.

---

[21]Betel en hébreu : maison du père
[22] Il devient le « St Pierre » de la légende d'Hiram, le premier successeur du maître.

Il reçoit, en même temps que Tito et Adoniram, la clef d'or, qui ouvre selon certains auteurs le mausolée, selon d'autres la cassette d'ébène qui contient les plans et le cœur d'Hiram.

9ème degré

Chef des Neuf Élus envoyés à la recherche des assassins d'Hiram. Chef des 9 élus. Ce fut celui qui tua de sa main l'un des meurtriers qui s'était réfugié dans une caverne, située au bord de la mer, près de Jappé (actuellement Jaffa), à proximité d'un buisson ardent.

Pendant un certain temps, ils marchèrent ensemble, mais l'un d'entre eux nommé Johaben, brûlant d'impatience et assoiffé de vengeance, devança les autres et pénétra le premier dans la caverne.

13ème degré

Grand secrétaire.
Fouille les ruines avec Stolkin et Guibulum.
Rejoint Guibulum au fond du puits quand celui-ci a trouvé le delta d'or orné de pierres précieuses.
Créé chevalier de Royal Arche par Salomon.

14ème degré

Grand secrétaire.
Le plus dévoué des favoris de Salomon, secrétaire intime du Grand Roi et d'Hiram roi de Tyr.[23]

---

[23] Rituel du 13ème degré : *comment êtes vous parvenu à cet endroit sacré ? Par l'effet de la providence.* Ainsi, le récipiendaire a été élu par la providence, ce qui peut justifier le titre de Grand Elu de la Voûte Sacrée.

TITO

7ème degré

> Président et est appelé *premier grand surveillant*
> Salomon, ayant nommé, outre Tito, *Adoniram et*
> *Abda, princes des Harodim ...*
>
> *Prince Harodim, le plus ancien des Prévôts et*
> *Juges, Grand Surveillant et Inspecteur des trois*
> *cents architectes qui étaient destinés à lever les*
> *plans pour les ouvriers.*
>
> *Il est créé Prévôt et Juge par Salomon.*
>
> *Il reçoit, en même temps que Johaben et Adoniram,*
> *la clef d'or qui ouvre la petite boîte d'ébène.*

8ème degré

> 1er surveillant et est appelé *trois fois illustre*
> *inspecteur.*
>
> *Salomon l'établit, avec Tito, inspecteur et*
> *conducteur de l'ouvrage (chargé des ornements de*
> *la Chambre Secrète qui renfermait l'arche)*

ABIRAM (ou Abiram Akiroph)

9ème degré[24]

> Un des meurtriers. Il est celui qui donne le coup de
> grâce à Hiram Abif.
>
> *Il attend le supplice qu'il a mérité[25] et qui doit*
> *servir d'exemple à tous.*

---

[24] En droit pénal, l'infraction est constituée par 3 éléments : l'élément légal, l'élément matériel et l'élément moral. Les complices peuvent être punis à la même hauteur que l'auteur. On peut noter qu'il est le 3ème meurtrier, après Osterfut et Sterkin, mais le premier dans la punition. Le dernier coupable devient le premier châtié. Il s'agit là d'une inversion intéressante. Il a une valeur symbolique supérieure à celle des deux autres.

10ème degré

Représenté à l'Orient de la loge (cf 3ème degré).

Salomon fit embaumer sa tête pour qu'elle pût se conserver et être exposée avec celles des deux autres assassins quand on les aurait trouvés.

D'après l'Elu des Neuf, il s'appelait Abiram-Akiroph, mais ce nom était emblématique. Son véritable nom était Hoben, il était l'aîné de ses frères.

ABDA

4ème et 5ème degré

Adoniram, fils d'Abda, de la tribu de Dan[26], qui conduisait les travaux du Temple avant l'arrivée d'Hiram-Abif à Jérusalem,

8ème degré

Salomon, ayant nommé, outre Tito, Adoniram et Abda, princes des Harodim …

STERKIN

10ème degré

Le 2ème meurtrier (cf 3ème degré).

Représenté à l'occident dans la loge.

OSTERFULT

10ème degré

---

[25] Témoignant ainsi qu'il est conscient de sa faute : la vengeance prend une autre tournure, ressemblant ainsi à un appel à la réparation.

[26] Tribu située tout au Nord du royaume (cf. carte plus loin dans le texte).

Le 1er meurtrier (cf 3ème degré).

Représenté au midi.

BEN AKAR

10ème degré

Six mois après la mort d'Hiram-Abif et son meurtrier Abiram Akiroph, Ben Akar, un des intendants de Salomon, faisait des perquisitions dans le pays de Geth[27], tributaire de Salomon, apprit que Sterkin et Osterfult, les deux autres assassins d'Hiram-Abif, s'y étaient retirés en s'y croyant en sûreté.

Ancien intendant de Salomon qui avait épousé une de ses filles.

HELSANAH

10ème degré

Trouve les autres meurtriers avec Zerbal, près de Gath.

GUIBULUM[28]

13ème degré

Confident de Salomon. Ce pourrait être une déformation de " GHIBLIM ", ouvriers qui participèrent à la construction du Temple de Salomon ou de " GUIBBOR Hou ", « il est puissant".

Grand trésorier.

Fouille les ruines avec Stolkin et Johaben.

Descend par trois fois dans le puits.

---

[27] Ou Gath ?

[28] Nous ne parlons ici que des degrés du REAA, sans évoquer la cérémonie d'installation d'un Vénérable Maître.

Trouve le delta d'or orné de pierres précieuses.
Créé chevalier de Royal Arche par Salomon.

14ème degré

Grand trésorier.
Confident de Salomon.

GALAAD

14ème degré

Fils de Sophronie, chef des Lévites.
Est le garde des sceaux.
Choisit d'être enseveli sous les ruines du Temple plutôt que de révéler par sa fuite l'existence du précieux Trésor qui serait alors tombé aux mains des Barbares.

ABDON

14ème degré

Grand orateur.
Fils de Hillel; il fut pendant dix ans le dixième juge d'Israël.

*
* *

Il convient de remarquer que les personnages majeurs du rite salomonien sont tous présents comme officiers au 14ème degré, comme dans une pièce de théâtre où tous les acteurs viennent saluer le public.

Salomon	trois fois puissant maître
Hiram de Tyr	lui-même
Adoniram	premier grand surveillant
Mohabon	second grand surveillant
Johaben	grand secréatire
Abdon	grand orateur
Zerbal	capitaine des gardes
Stolkin	grand maître des cérémonies
Guibulum	grand trésorier
Galaad	

22 personnages, parfois présents dans des degrés successifs, parfois absents. Prenons l'exemple d'Hiram roi de Tyr, présent au 6ème degré, et qui réapparaît aux 13ème et 14ème degrés, auprès de Salomon. Il ne peut être exclu que de telles rencontres entre deux rois aient forcément un caractère hautement stratégique. Nous y reviendrons plus loin dans ce texte.[29]

---

[29]   Sa réapparition au 10ème degré dans la version 2013 du rituel conforte l'idée que les têtes disposées aux portes de la ville avaient pour objet d'envoyer un message à Hiram de Tyr.

Sur ce tableau, la partie centrale est occupée par une caverne dans laquelle on devine une table avec une lampe qui brûle à l'intérieur. Un homme s'en approche, suivant un chien. Derrière, mais à distance, huit autres personnes sont en chemin. Sur la caverne un buisson ardent. En arrière et à gauche, une ville au bord de la mer. Au dessus, de la mer à la montagne, un arc-en-ciel et une étoile à cinq branches.Des cieux courroucés surgit un avant-bras tenant un poignard dans la main droite.
(Rituel du 9° degré du Suprême Conseil d'Angleterre et du Pays de Galles, 1977).

Le tableau de loge de la page précédente illustre l'appel céleste à la vengeance par le bras armé sorti du nuage. L'arc en ciel montre que l'acte qui va se produire répond à la demande du ciel, et le buisson ardent confirme que c'est bien la réalisation par l'homme de la volonté divine.

Cette vengeance ne peut être comprise comme issue de la seule volonté de Johaben, ni même de celle des deux rois, mais plutôt comme révélée par l'être suprême pour être ressentie et connue par le Franc-maçon.

On notera à gauche la présence de Jaffa, au bord de la mer.

LES MAXIMES [30]

Les maximes qui illustrent chaque degré proposent des lumières au récipiendaire, afin qu'il en découvre sa propre lecture. Il peut ainsi les lire degré par degré, dans un chemin progressif par marches successives. Et ce n'est qu'arrivé au 14ème degré qu'il pourra reprendre sa lecture dans une vision d'ensemble.

Reprenons chacune de ces maximes une par une. A l'issue de la lecture de l'ensemble de la légende salomonienne du rite, nous reviendrons sur ces maximes dont le sens sera complété.

4ème degré

> *Vous ne vous forgerez point d'idoles humaines pour agir aveuglément sous leur impulsion, mais vous déciderez par vous-mêmes de vos opinions et de vos actions.*
>
> *Vous ne prendrez pas les mots pour des idées et vous vous efforcerez toujours de découvrir l'idée sous le symbole.*
>
> *Vous n'accepterez aucune idée que vous ne compreniez et ne jugiez vraie.*
>
> *Ne vous payez pas de mots, n'accordez à qui que ce soit une confiance aveugle, mais écoutez tous les hommes avec attention et déférence.*
>
> *Ayez la ferme résolution de les comprendre.*
>
> *Respectez toutes les opinions, mais ne les acceptez pour justes que si elles vous apparaissent comme telles après les avoir examinées.*

---

[30] Se souvenir des références cités dans le prologue de cet ouvrage sur la version des textes utilisés

Ne profanez pas le mot de Vérité en l'accordant aux conceptions humaines.

La Vérité absolue est inaccessible à l'esprit humain; il s'en approche sans cesse, mais ne l'atteint jamais.

Quelque admiration que vous inspire le spectacle de l'Univers, du macrocosme au microcosme, souvenez-vous que vous ne l'admirez qu'en proportion de votre faiblesse en présence de son immensité.

Il n'y a de réellement admirable que la Loi universelle qui régit toutes les choses dans leur ensemble et chaque chose dans son détail.

Ce que la Franc-maçonnerie vous demande, c'est d'aimer la Justice, de la révérer, de marcher dans ses voies, de la servir de tout votre cœur et de toute votre âme.

Sachez, mes Frères, que l'idéal de la Franc-maçonnerie est l'accomplissement du Devoir porté jusqu'au sacrifice.

Vos travaux peuvent n'être pas récompensés, car celui qui sème ne récolte pas toujours.

Il n'est pas nécessaire d'espérer pour entreprendre ni de réussir pour persévérer.

Le Devoir est pour nous aussi inflexible que la Fatalité! En santé ou en maladie, en prospérité ou en adversité, le Devoir est pour nous aussi exigeant que la Nécessité! Le Devoir s'impose à nous, le jour comme la nuit. Dans le tumulte de la cité, dans la solitude du désert, le Devoir est avec nous, toujours impératif comme la Destinée!

Telle la lumière que vous portez et que vous ne voyez qu'imparfaitement au travers du bandeau qui trouble votre vue, la Vérité est une lumière que l'homme perçoit plus ou moins confusément. Elle peut pourtant se révéler dans tout son éclat à celui qui veut ouvrir les yeux et regarder.

La route du Devoir mène sûrement à la Vérité. Mais cette route est longue et difficile et parce qu'il tente de l'abréger en prenant des raccourcis, l'homme s'égare dans le labyrinthe de l'erreur.

Si vous voulez trouver la vraie Lumière et la Parole perdue, inclinez-vous devant notre Autel sacré; contractez une sincère alliance avec nous; prenez l'obligation de garder fidèlement les secrets et de remplir les devoirs du 4e degré.

Vous devez savoir qu'il est parfois plus facile de faire son devoir que de le connaître.

La Connaissance est un bien héréditaire que chaque génération de Francs-maçons augmente et qu'elle transmet à celle qui la suit. Ainsi en a-t-il été dans les temps passés; ainsi en sera-t-il dans les temps à venir. C'est pour cela que vous devez à ces Frères aînés confiance et déférence, sans jamais pourtant aliéner votre liberté de jugement.

Chaque société a sa conception morale du Devoir, chaque âge a la sienne correspondant à son sens moral. Mais rappelez-vous que nous sommes tous soumis à la grande Loi universelle du Grand Architecte.

Notre Devoir, c'est la quête de la Parole perdue.

Conformons-nous, en toute circonstance, au Bien, sans complaisance pour nos préjugés et nos intérêts. Souvenons-nous que les nobles pensées viennent du cœur et que l'accomplissement du Devoir exige souvent un sacrifice.

Ayez toujours présentes à l'esprit la brièveté de la vie humaine et l'immense tâche que nous devons accomplir.

Ne vous attardez pas dans les sentiers fleuris, mais hâtez-vous de gravir les pentes abruptes de la montagne, de crainte que la Mort ne vous surprenne avant que vous n'ayez approché du sommet.

En progressant dans les voies de la Franc-maçonnerie, n'attendez pas un oracle dont les réponses pourraient vous égarer ou vous décevoir: commencez maintenant la marche ascendante qui fera de vous les adeptes et les apôtres de la Vérité.

Je vous couronne de Laurier et d'Olivier, dans l'espérance de vos succès futurs et de votre ultime victoire.

Les préjugés, les passions et l'erreur placent de nombreux obstacles entre l'homme et la Vérité; mais il n'est point de difficultés que l'énergie, la persévérance et l'intention droite ne puissent surmonter.

5ème degré

Le Maître Parfait ne pourrait accéder aux sciences et aux arts si son intelligence n'était pas une émanation de la Cause première: « il connait le cercle et sa quadrature ».

L'Initié à Ce grade doit tendre à la réalisation en lui-même" du Principe élevé qui est en nous et non en dehors de nous". Il lui faut comprendre que la Clef de la Connaissance n'est pas dans la Connaissance comme mode médiat d'appréhension de la vérité absolue, mais dans la participation directe et immédiate au principe, lequel est immanent à l'Initié.

L'homme, être fini, ne pourra dérober à la nature ses secrets les plus cachés, ni créer les sciences et les arts si son intelligence n'était pas émanation directe de la cause première. Il doit en tirer cette conséquence que tous, nous sommes égaux, les concepts de Liberté, de Fraternité et d'Egalité prennent ainsi une valeur ontologique.

Nous sommes tributaires de tous nos FF:. et nous leur devons le respect que mérite leur mémoire.

6ème degré

Le Secrétaire Intime manifeste une saine curiosité qui l'aide à retrouver le chemin de la Vérité.

Respectons les secrets de nos FF :. , en évitant qu'on les découvre et qu'on les divulgue.

7ème degré

Le Prévôt et Juge grâce à ses connaissances, est apte à juger sereinement.

Nous devons la justice égale à tous les hommes.

8ème degré

L'Intendant des Bâtiments (8e degré) s'attache à construire son Temple intérieur.

Il y a, au plus profond de nous-mêmes et à jamais, la sagesse de l'oracle de Delphes, la vérité d'Atlantis, des milliers et des milliers de legs, hérités de nos ancêtres.

Nous devons nous consacrer avec zèle et constance aux travaux susceptibles de donner la plus grande splendeur à notre Temple

9ème degré

Le Maître Élu des Neuf apprend qu'il ne peut faire justice lui-même et prend conscience des réalités de la vie par l'intelligence du cœur.

La lutte contre l'ignorance, ce mauvais compagnon, fera découvrir, par chaque frère, la cohérence de l'enseignement initiatique des degrés de Perfection, notamment dans ses aspects opératifs. Le récipiendaire, recevant les degrés de Perfection, parcourt symboliquement toutes les étapes de la construction du Temple de Salomon. Mais il doit, parallèlement, grâce à un travail personnel rigoureux, édifier en lui-même son Temple spirituel.

À cette fin, il lui sera indispensable d'aller à la découverte de l'idée sous le symbole. Sachant que le Saint des Saints est en l'homme - « C'est la Lumière que vous portez» -, il comprendra mieux le véritable sens de la formule rituelle: « On n'est pas initié, on s'initie soi-même ».

Le crime ne doit jamais rester impuni et (que), tôt ou tard, le coupable doit être châtié.

Il est essentiel d'avoir de vrais amis qui sachent vous défendre dans les occasions où leur secours est nécessaire.

10ème degré

L'Illustre Élu des Quinze poursuit sa purification sur le plan de l'action.

La tolérance est le sujet dominant de ce degré. L'histoire a enregistré la Séquelle sanglante des persécutions. Lorsque les hommes s'arrogèrent le droit d'en condamner d'autres pour cause d'opinions divergentes. Pareil fanatisme est au-delà de l'entendement de la Franc-maçonnerie.

Nous pensons que chacun a droit à ses vues politiques et religieuses personnelles et que nul n'a le droit de prétendre connaître la vérité. Quelle que soit la croyance d'un individu, selon le droit de sa conviction, il sent que l'instruction et les explications seules peuvent vaincre l'intolérance et le fanatisme.

La Franc-maçonnerie n'est pas une religion, mais ses préceptes et déclamations contiennent les sagesses et la morale universelle de toute croyance et religions reconnues.

11ème degré

Le Sublime Chevalier Élu (11ème degré) reçoit la récompense de son zèle et de sa fidélité.

12ème degré

Relevant les plans du Temple de Salomon pour remplacer le Maître disparu, le Grand Maître Architecte doit connaître parfaitement ce que renferme un étui de mathématiques.

13ème degré

Salomon expliqua aux trois Chevaliers que Dieu avait promis à Noé, à Moïse et à David qu'un jour son Nom Véritable, celui par lequel il pouvait être invoqué, serait découvert, gravé sur un triangle d'or, et que cette promesse s'était accomplie. Mais Salomon leur dit aussi qu'il leur était interdit de l'écrire ou de le prononcer, qu'ils n'avaient que la latitude de l'épeler et que, même dans ce cas, la plus grande prudence serait de rigueur.
La légende des trois Mages figure dans l'instruction du degré, et constitue une introduction à l'étude des Sephiroth.

14ème degré

Je jure de suivre en toutes occasions la voix de ma conscience, de pratiquer les vertus qui élèvent l'homme au-dessus de l'animalité, de considérer tous les hommes comme mes frères, quels que soient leur race ou leur état social.

Je promets de visiter mes frères s'ils sont retenus par la maladie, de les assister dans leurs besoins, d'aider de tout mon pouvoir au soulagement de leurs infortunes.

*

* *

LA RECONSTITUTION DE L'HISTOIRE

L'hypothèse qui suit vient éclairer le 3ème degré. Appuyée sur les textes, elle vient apporter une vision complémentaire au déroulement du crime et de ses suites.

3ème degré : la date et les circonstances du meurtre

Mettons en perspective la date du meurtre : la construction du temple a débuté la 4ème année du règne de Salomon, c'est-à-dire en 967[31]. *Quinze compagnons participant à la construction du temple (967 à 961 avant notre ère[32])….* Le meurtre a en conséquence été commis juste avant la fin du chantier, soit entre 962 et 961 avant notre ère. Plus précisément, il a été commis en décembre[33].

La scène du meurtre indique qu'Hiram frappé à la porte du midi par le fil à plomb, se rend engourdi à la porte de

---

[31] Les *Antiquités judaïques de l'écrivain juif Flavius Josèphe (37-90) retracent, en vingt livres, l'histoire de la nation juive, depuis la Genèse jusqu'en l'an 66 de notre ère. Au chapitre II du livre VIII des antiquités Judaïques est relatée la construction du Temple de Jérusalem par le roi Salomon. " …le roi Salomon commença à bâtir le Temple en la quatrième année de son règne ; et au second mois que les Macédoniens nomment Arthemisius et les Hébreux Jar (qui est le mois d'avril), cinq cent quatre-vingt-douze ans depuis la sortie d'Égypte, mille vingt ans après qu'Abraham fut sorti de Mésopotamie pour venir en la terre de Chanaan, mille quatre cent quarante après le déluge, et trois mille cent deux ans depuis la création du monde…(source BNF)*

[32] *Les trois coups distincts – 1760, cité par YM Viton – le REAAet guide du maçon Ecossais*

[33] *(cf chapitre ET SI, sur le 10ème degré en page 30)*

l'Occident (~25 mètres[34]), y est frappé par le niveau, et se rend enfin tout étourdi à la porte de l'Orient (~25m) pour y recevoir le coup mortel par le maillet. Cela représente une marche totale minimale d'environ 50 mètres, sans oublier qu'il a jeté son bijou dans le puits pendant cette marche.

Qu'ont donc fait les deux premiers compagnons (Osterfut et Sterkin) pendant qu'Hiram se déplaçait, engourdi puis étourdi, d'une porte à l'autre ? Leur mission s'arrêtait peut-être à tenter d'obtenir le mot ; ainsi, après avoir frappé le Maître, ils s'enfuiront ensemble vers une destination que nous connaîtrons au 10ème degré.

Nous apprendrons dans l'instruction du 5ème degré que le corps sera retrouvé à 60 kilomètres de là !

4ème degré : Maître secret : il faut finir le Temple

Le récipiendaire symbolise l'un des 7 maîtres, dirigés par Adoniram pour terminer l'œuvre d'Hiram et construire le tombeau du Maître.

5ème degré Maître parfait : les obsèques se déroulent

9 jours ont été nécessaires pour construire le mausolée sous la direction d'Adoniram, et les funérailles ont lieu 3 jours plus tard.

Dans ce degré, il est annoncé qu'après la vengeance[35], le corps est déposé dans l'obélisque, couvert d'une pierre triangulaire, sur laquelle sont gravées les lettres M B N,

---

[34] Estimation d'après les dimensions du temple données par la Bible : livre des Rois). Voir également page 20de cet ouvrage.

[35] Cf §Introduction : le mobile du crime

et une branche d'acacia. Ce tombeau sera placé dans l'appartement de Salomon, séparé du Temple.

Mais de quelle vengeance s'agit-il ?
 Probablement pas celle du châtiment des meurtriers, qui interviendra plus tard, mais peut-être de la promesse d'une vengeance, qui consiste à planter une épée dans l'urne contenant le cœur du Maître[36].

Une lecture symbolique peut conduire à considérer que cette épée plantée est le signe du serment, fait sur le cœur du Maître, de vengeance de tous les Frères (renvoi à la scène du parjure lors de l'initiation au 1er degré), ou bien encore du sort qui attend les traîtres[37].

6ème degré Secrétaire[38] Intime : l'enquête commence

Ce degré se passe juste après les funérailles d'Hiram Abif.

Johaben a été découvert écoutant à la porte de l'appartement (salle d'audience) de Salomon. Hiram s'en saisit ; Salomon appelle les gardes qui l'entraînent dehors. Salomon et Hiram discutent seuls. Zerbal, appelé en témoignage vient confirmer la défense de Johaben. Puis tous se retirent.

Quelle était l'alliance qui unissait au préalable les deux rois ?

Les ambassadeurs de Salomon avaient conclu un traité avec le roi Hiram de Tyr au terme duquel celui-ci s'était

---

[36] Le cœur reste le pont entre le matériel et le spirituel, ce qui explique en partie pourquoi il est placé en haut de l'obélisque à ce degré.

[37] Peuvent-ils alors envisager une résurrection ?

[38] On se souviendra que dans secrétaire, il y a « secret » et « se taire ».

engagé à fournir à Salomon des pierres extraites des carrières de Tyr et des cèdres du Liban destinés à la construction du Temple et des Palais, et à mettre à sa disposition les ouvriers pour extraire ces pierres et débiter le bois.

A la suite d'une discussion en tête à tête avec Hiram de Tyr, Salomon annonce une nouvelle alliance.

Maintenant, les deux rois qui sont isolés dans cet appartement. Qu'y font-ils? ... disent-ils ? C'est un mystère, et c'est même un secret puisqu'ils ont voulu la plus grande discrétion sur cette rencontre et n'ont laissé entrer personne.

C'est même un secret royal qui doit être impérativement protégé car il ne doit être accessible à personne. Toutes les suppositions sont possibles. On pense qu'Hiram et Salomon, qui avaient traité jusque là par des ambassadeurs interposés, ne se connaissaient pas personnellement et se rencontraient pour la première fois.

Les nombreuses phrases suivantes de la légende commencent toutes par « *peut-être* », et se terminent par : *Tout est possible. La seule chose dont nous sommes sûrs, c'est que les deux monarques ont voulu rester seuls afin que leur entretien soit secret*[39].

LE REAA s'attache à la notion de secret qu'il faut respecter. Il propose des pistes sur le contenu de ce secret, sans exclusive.

Souvenons nous que nous sommes juste après les funérailles d'Hiram Abif. Salomon a donc pu

---

[39]L'alliance peut encourager Johaben à connaître son être intérieur, à sa réaction face au concept de « secret ».

comprendre que l'aura de l'architecte maître d'œuvre va désormais s'éterniser, contrairement à son plan initial, et ainsi dépasser la sienne. L'histoire retiendra de Salomon qu'il se déviait de la voie divine vers la fin de sa vie, à l'inverse du mythe nouveau d'Hiram Abif. A cet instant, son ego prenait peut-être ombrage de la renommée grandissante d'Hiram-Abif.[40]

Par ailleurs, Hiram de Tyr est fort mécontent de la contrepartie que lui a donnée Salomon. Mais il comprend également, dans cet entretien privé avec Salomon, que sa propre aura sera surpassée par celle d'Hiram Abif.

Enfin, Johaben est un membre influent de la Cour, car favori de Salomon. Il est affaibli par sa curiosité irrespectueuse vis-à-vis du Roi, et tous les membres de la Cour vont sans aucun doute l'apprendre. Salomon peut tirer profit de cette situation, et faire ainsi de Johaben son « obligé »[41].

L'histoire des degrés suivants va montrer l'impact de cette situation providentielle et « déclencheuse » nouvelle, dont l'intelligence du roi Salomon ne va pas manquer de profiter. Nous verrons, en effet, au $14^{\text{ème}}$ degré l'ampleur de son ego : « *Fier de se savoir le plus grand roi de la terre, fier d'avoir bâti un Temple qui faisait l'admiration de l'univers, il oublia la bonté de Dieu et se laissa aller à la licence.* »

---

[40]C'est à cet instant qu'une étincelle se produit pour le maçon, pour dépasser son ego envahissant. Cette étincelle va provoquer une réaction en chaîne dans les degrés suivants.
[41] Il deviendra en effet le « poisson pilote » dans la suite de la légende

7ème degré Prévôt et Juge : le Maître est le Plan[42]

Le récipiendaire reçoit la clef du mausolée où sont placés le corps et le cœur d'Hiram Abif. Les Prévôts et Juges sont les seuls à savoir le lieu où se trouvent ces restes. Le rituel indique plus loin que cette clef est en or, et qu'elle sert à ouvrir une cassette d'ébène[43] où sont enfermés tous les plans nécessaires à la construction du Temple.

La lecture symbolique de ce qui précède peut conduire à considérer les reliques du Maître comme étant le plan de l'Œuvre. Cela reviendrait à dire que le Maître est l'Œuvre, ce qui, convenons-en, transporte la lumière du fond de l'homme au plus haut des cieux. « *En haut comme en bas, vous découvrirez la beauté de l'esprit et du cœur* [44]! »

8ème degré Intendant des Bâtiments[45] :

Ainsi que les précédents, ce degré traite de la répartition des tâches qu'assurait le Maitre assassiné. Parmi celles-ci se trouvait la tâche de Surveillant de la construction,

---

[42] Ce degré ayant été confié par Salomon à Johaben, celui-ci, ayant vu la lumière au 6ème degré, devient l'acteur principal, équipé de la clef en or du mausolée, qui contient le corps et l'esprit du Maître.

[43] Ce bois est imputrescible. Serait-ce l'œuvre au noir des alchimistes qui commence ? Alors que la décoration du lieu du 7ème degré est rouge, le noir commence à apparaître. Par la suite, le 9ème degré sera noir, le 12ème degré sera blanc, et le 18ème sera rouge. C'est là une porte symbolique entr'ouverte. Le 7ème degré serait un degré de redémarrage.

[44] Rituel d'installation du collège des officiers au 1er degré de la GLDF.

[45] Dans la légende, Salomon fait construire une chambre secrète, proche de la voûte sacrée. Ce degré est sur la voie qui s'approche du 13ème degré. Cette légende du grade a disparu dans la version 2013 du rituel.

ou Intendant des Bâtiments. Dans sa recherche d'un remplaçant, le roi Salomon interrogea les cinq collaborateurs favoris du Maître.

Son choix tomba sur Adoniram qui avait saisi toute occasion de gagner connaissance, sagesse, expérience et confiance de ses subordonnés. Il était donc prêt à assumer des responsabilités plus nombreuses et plus importantes et, de ce fait, tout indiqué d'achever la grande œuvre du Maître disparu.

9ème degré[46] : vengeance, premier acte[47]

À la lumière d'une lampe qui brûlait à l'intérieur, il vit le meurtrier se reposant, couché sur le dos, un poignard à ses pieds. Oubliant les instructions de Salomon, Johaben se saisit du poignard et frappa au front, puis au cœur le meurtrier. Celui-ci se redressa brusquement, mais s'écroula mort aux pieds de Johaben, après avoir prononcé le mot NEKAM. Johaben lui coupa la tête et étancha sa soif à la fontaine qui coulait dans la caverne.

10ème degré[48] : vengeance, second acte

---

[46] C'est la première fois que les élus sont désignés par le sort, et Johaben en fait partie : d'où la question de la manipulation du sort par Salomon ?

[47] L'ambition (Abiram), 3ème référence des meurtriers après l'ignorance et le fanatisme, est réfugiée dans une caverne. De plus, l'ambition est châtiée en premier, avant les deux autres. Il faut tuer l'ambition, l'ego, en premier. C'est un renvoi à l'ambition démesurée de Salomon, qui conduira à la destruction du temple. Si on ne traite pas l'ambition en premier, le temple sera détruit. Les autres seront châtiés 6 mois plus tard, resteront 10 heures à agoniser. L'ambition est un élément actif, alors que l'ignorance et le fanatisme sont passifs; ces deux derniers adhèrent à une idée, engendrée par l'ambition.

Les deux meurtriers furent attachés à deux poteaux par le col, les pieds et les bras liés par derrière. Leurs corps furent crucialement ouverts, depuis la poitrine jusqu'à l'os pubis. Ils demeurèrent dans cet état pendant 8 heures. Les mouches et autres insectes vinrent se repaître de leur sang et de leurs entrailles. Leurs cris et leurs gémissements étaient si lamentables qu'ils touchèrent même le cœur de leurs bourreaux qui leur coupèrent la tête et jetèrent leur corps par dessus les murailles de Jérusalem pour servir de pâtures aux corbeaux et aux bêtes féroces.

Puisqu'à cette heure la mort de notre R∴ M∴ Hiram est vengée et que tout est accompli, nous devons être satisfaits et nous pouvons nous reposer.

11ème degré [49]: la récompense

La vengeance des trois assassins étant accomplie, Salomon, pour récompenser le zèle, le travail et la constance des 15 élus, pour leur donner un grade plus élevé et pour n'admettre entre eux aucune préférence, choisit par bulletins 12 d'entre eux et ordonna que les 12 premiers noms qui sortiraient de l'urne seraient ceux qui formeraient un Grand Chapitre et qui commanderaient les 12 tribus d'Israël.

---

[48]Il s'agit ici de l'ignorance (Osterfut) et du fanatisme (Sterkin). Cet épisode suscite un processus expiatoire clair de compréhension. On notera également que cet épisode se passe dans une carrière, c'est-à-dire dans une carrière, alors que le 9ème était dans une caverne. L'ambition se situe là au fond de sois, alors que l'ignorance et le fanatisme se situent dans le rapport à l'autre.

[49] C'est le premier degré de chevalier dans le rite. Le titulaire reçoit mission de se préparer à transmettre le message du rite.

12ème degré Grand Maître Architecte [50]: il faut achever le 3ème étage du temple

Salomon établit une école d'Architecture afin d'instruire ceux qui conduisaient les travaux du Temple et aussi afin d'encourager et d'améliorer les vrais maçons dans l'Art Royal. En faisant passer par cette école ceux qui, par leur zèle et leur discrétion, le servaient avec la plus haute Perfection, il créa ce degré sous le nom de Grand Maître Architecte.

Ce sage souverain, toujours plein de justice et prévoyant l'avenir, voulait récompenser ainsi le zèle, le savoir et la vertu des Sublimes Chevaliers Élus, de façon qu'ils s'approchent de plus en plus du céleste trône du Grand Architecte de l'Univers, afin de rendre effective la promesse que Dieu avait faite à Énoch, à Noé, à Moïse et à David.

13ème degré : le mot est retrouvé

Ces deux grades[51] développent des aspects de la légende d'Hiram amorcée dans les degrés précédents. Ils annoncent l'accomplissement de l'ancienne Loi par la découverte du Mot sacré, celui que le Maître Hiram Abi a emporté dans sa tombe, faisant connaître le Dieu de

---

[50] Pour mémoire, le blanc est associé au symbole de la licorne : la corne qui lie (langage des oiseaux). C'est donc une liaison de l'esprit avec la loi d'amour qui viendra plus tard.

On notera à cet instant que le nombre 3 semble cadencer les degrés du rite :

- Le 3ème commence la légende
- Le 6ème provoque l'étincelle
- Le 9ème renvoie au plus profond de soi
- Le 12ème change le plan spirituel
- Peut-être que cela continuera après …

[51] les 13ème et 14ème degré

l'Ancien Testament. Au 13e degré, le Nom Ineffable est retrouvé.

14ème degré : le temps passe

Salomon [52] et Hiram roi de Tyr, après avoir créé Guibulum, Johaben et Stolkin, Chevaliers de Royal-Arche, mirent le précieux trésor en sûreté sous le sanctuaire du Temple, dans la crypte creusée par Énoch avant le Déluge. Ils appelèrent cette crypte la Voûte Sacrée parce qu'elle abritait le Nom Ineffable du Grand Architecte de l'Univers.

Mais Salomon, si sage, si vertueux, devint sourd à la voix de l'Éternel. Fier de se savoir le plus grand roi de la terre, fier d'avoir bâti un Temple qui faisait l'admiration de l'univers, il oublia la bonté de Dieu et se laissa aller à la licence.

Il marque le terme de la période salomonienne. Il constitue l'ultime degré de 1'« Ancienne Maçonnerie» liée à la construction du Temple de Salomon.

Ce degré se déroule à deux époques distinctes : au temps de Salomon puis quatre siècles plus tard. Il fait de plus référence à l'époque d'Enoch avant le déluge. Passé, présent, avenir, ce degré embrasse tous les temps.

Quatre cent soixante-dix ans, six mois et dix jours après la dédicace du Temple, en 604 avant JC[53], Dieu inspira à

---

[52]Source : http://www.ledifice.net/7078-1.html, probablement inspirée par Gerard de Nerval

[53] *Jésus Christ. En écho à la construction du Temple de Jérusalem, la représentation de sa destruction par Nabuchodonosor (en 604 av. J.-*

Nabuchodonosor, roi de Babylone, d'assiéger Jérusalem et de la détruire.

Les Grands Élus, Parfaits et Sublimes Maçons martèlent la pierre d'agate, et placent le triangle d'or dans l'arche d'alliance.

*
* *

C.) à laquelle nous avons déjà fait allusion (Paris, BnF, ms. fr. 247, fol. 213v.)

Et si….

6ème degré

Salomon et Hiram de Tyr ne se connaissent que par ambassadeur interposé. C'est la première fois qu'ils se rencontrent. Et si Salomon avait proposé à Hiram de Tyr[54] de fomenter un complot pour éliminer les meurtriers d'Hiram ? pour les empêcher de révéler le commanditaire du crime ?

En effet, le chantier était presque terminé. Le temps est proche où Hiram Abif recevra les lauriers de la gloire pour la postérité[55]. Son nom sera associé à la plus grande

---

[54] Salomon est fils du roi David, alors qu'Hiram Abif n'est pas de sang royal. Hiram de Tyr ne représente-t-il pas le monde profane ? L'alliance du roi mandaté par Dieu et du roi profane serait supplantée par la loi d'amour portée par Hiram Abif. Hiram de Tyr voudrait garder le secret pour ne pas le divulguer dans le monde profane. Dans ce cas, comme il est dit au 1er degré, « pour ne pas les exposer au regard des profanes ». Que représente vraiment Hiram de Tyr ?

[55] Une légende du XIXème siècle indique que la reine de Saba connu la puissance d'Hiram, et que Salomon eût des raisons de vouloir se débarasser d'Hiram Abif :

Voici la légende telle qu'elle est rapportée dans un rituel du XIXème siècle, qui n'est qu'une des nombreuses interprétations de cette légende : Pendant la construction du Temple, Balkis reine de Saba vint à Jérusalem pour rencontrer Salomon, constater sa sagesse et contempler les merveilles de son royaume.Elle admira surtout le Temple qui se construisait, et voulut connaître l'architecte Hiram. Elle insista tant que le roi le lui présenta. En le voyant, la reine fut troublée. Elle voulut aussi voir l'armée d'ouvriers qu'il dirigeait. Alors pour lui faire plaisir, Hiram traça dans l'air un T mystérieux, l'initiale de Tyr et aussitôt tous les ouvriers de diverses nations se rangèrent, les charpentiers à droite, au centre les maçons

---

réalisation terrestre à la gloire du Grand Architecte de l'Univers. Salomon en tire probablement ombrage, lui

et ceux qui travaillaient la pierre, et à gauche, les mineurs et les fondeurs. A un autre signe tout aussi mystérieux, la grande masse demeura immobile et silencieuse. C'est à ce moment là que la reine se rendit compte, que sa propre puissance ou celle du roi Salomon, n'était rien à coté de celle du grand constructeur. La reine de Saba voulut également assister à la coulée de la mer d'airain. Les trois compagnons, Jubélas le maçon, Jubélos le charpentier, et Jubélum, le mineur, vouant une haine terrible au grand architecte depuis qu'il leur avait refusé le grade de Maître décidèrent de profiter de l'événement pour se venger. Ils sabotèrent le travail. Ainsi, Jubélas mêla le calcaire avec la brique, Jubélos prolongea les traverses de poutres pour les exposer à la flamme, et Jubélummélangea à la fonte les laves sulfureuses. Bénoni, un jeune ouvrier dévoué à Hiram, surprit le complot et en avertit Salomon, Mais le grand roi, jaloux d'Hiram, et content qu'il subisse un échec devant la reine dont il était amoureux, ne fit rien pour éviter la catastrophe. *La coulée d'airain fut un désastre. Hiram désespéré songeant à la reine de Saba dont il s'était aussi épris ne quitta pas les lieux.Il allait être englouti sous les flots de ce métal brûlant lorsque apparût Tubalcaïn, fils de Lamzeh qui l'amena au centre de la Terre où l'on pouvait goûter aux fruits de l'arbre de la Science, et Tubalcaïn, cet ancêtre des constructeurs, lui fit don de son précieux marteau.Revenu sur la terre, grâce à ce merveilleux instrument, Hiram répara le désastre. La reine de Saba, remplie d'admiration eut le coeur inondé de joie. Un jour Hiram qui cherchait la solitude, vint sans le vouloir à la rencontre de la reine de Saba. C'est alors qu'ils décidèrent de se prendre pour époux et de quitter tous les deux Jérusalem. Mais les trois mauvais compagnons se présentèrent au roi et lui dire que chaque soir Hiram se glissait sous la tente de la reine et restait avec elle jusqu'à l'aube. Quand Hiram informa le roi Salomon de son désir de quitter Jérusalem, celui-ci ne fit aucune objection. De son côté, après avoir confié à Hiram qu'elle gardait en son sein le fruit de leur amour, la reine de Saba quitta Jérusalem. Hiram visita une dernière fois le Temple avant son départ et c'est alors qu'il fut assassiné par les trois compagnons. Nerval a transposé dans son roman ce qu'il pensait être le mythe fondateur de la Franc-maçonnerie. Christian Jacq a repris partiellement cette histoire dans son roman « Maître Hiram et le Roi Salomon ».* (source http://www.ledifice.net/7078-1.html)

qui est fils de David. Le sang qui coule dans ses veines est royal[56], alors que celui d'Hiram Abif vient d'une veuve de la tribu de Nephtali.

Peut-on imaginer que les 3 mauvais compagnons aient fomenté un tel crime, seuls dans leur coin :
-	sans qu'une bouche ne le leur ait inspiré ?
-	sans qu'une oreille indiscrète ne les ait entendus ? Il aura bien fallu qu'ils en discutent, qu'ils en fassent la mise au point, qu'ils s'assurent que le chantier était bien vide avant de se positionner aux 3 portes. Oserions-nous imaginer que leur tournée de vérification puisse se faire sans que quiconque n'aperçoive l'un d'entre eux ? ou ne constate son absence à la sortie du chantier ? La thèse de complicités extérieures mériterait d'être envisagée.

Cela expliquerait l'acharnement royal à les retrouver et les punir au plus vite. Ainsi, l'attention du peuple serait attirée par ce châtiment, éloignant ainsi toute idée de chercher « *à qui profite le crime* ».

Le contrat sur la tête des meurtriers proposé par Salomon permettrait d'une part d'amoindrir le souvenir d'Hiram Abif, de mettre à l'honneur le zèle de Salomon à châtier les meurtriers, et d'autre part de calmer Hiram de Tyr.

En effet, Adoniram a séjourné au Liban, et a sûrement croisé Hiram de Tyr. Connaissant forcément bien la région (*il connaissait le travail du bois*), il ne pouvait

---

[56]	Le mot royal renvoit-il au Saint Graal ?

ignorer que la contrepartie, en Galilée, de Salomon à Hiram de Tyr était injuste. Hiram de Tyr peut voir ici l'occasion de voiler sa naïveté, vis-à-vis de son peuple, de s'être fait duper par Salomon[57].

Johaben, au premier abord consolidé dans la confiance que lui vouent les deux rois, deviendrait ainsi, sans le savoir, le bras de la vengeance, une arme par destination, le grand manipulé pour cacher le commanditaire du meurtre[58], au service de la gloire de Salomon et de celle d'Hiram de Tyr.

9ème degré

Et si Salomon avait tout intérêt à faire disparaître les 3 meurtriers, afin qu'ils ne dévoilent pas le nom du commanditaire ?

Si vous représentiez l'ambition démesurée, meurtrier de l'ami intime du Roi, penseriez vous à vous allonger dans une **caverne** ? près d'un **buisson ardent** ? où coule **une fontaine** ? à déposer un couteau **à vos pieds** ? à **éclairer la caverne** pour être bien en vue ? s'agit-il de réflexes d'un homme qui veut se cacher ? Ou bien ne serait-ce pas plutôt le signe d'un appel au secours, du cri de détresse de celui qui a pris conscience de l'acte accompli [59]? Il est bien écrit dans le rituel : « *Il attend le*

---

[57]Cette hypothèse est hardie, mais ne peut être à priori repoussée.

[58]Souvenons-nous du meurtre de JF Kennedy par Lee Harvey Oswald, qui fut lui-même assassiné deux jours plus tard par Jack Ruby, qui lui-même se pendit en cellule.

[59]Voir § introduction : mobile du crime

supplice qu'il a mérité et qui doit servir d'exemple à tous. »

Si j'étais Johaben, serais-je entré dans la caverne ? Car entrer dans la caverne, en dehors du fait de vouloir se venger, demande de sa part un certain courage. En effet, il ne sait pas à ce moment que le meurtrier est endormi.

On peut également noter le fait que Johaben tue rapidement le meurtrier d'Hiram Abif pendant son sommeil, sans même tenter de le réveiller au préalable. Serait-ce là un ordre de Salomon, pour être sûr qu'Abiram ne parle pas ? N'oublions pas que Johaben est informé au 6ème degré du plan secret validé par les deux rois.

En poursuivant cette piste, la réaction de Salomon qui fait exécuter les meurtriers et exposer leur tête de façon ostentatoire (10ème degré), peut résulter de sa volonté de faire savoir au roi Hiram de Tyr, dont Hiram Abif était l'envoyé, que le châtiment est accompli, que le plan, validé en secret au 6ème degré, a été mis en œuvre comme prévu. Cet acte a également valeur d'exemple pour tous. L'exposition aux 3 portes nous renvoie aux 3 fenêtres du 1er degré.

Reconstituons le scénario :
- Abiram a achevé Hiram d'un coup de maillet ;
- Il a enterré la dépouille, avec ses deux compagnons criminels, au Nord Ouest de Jérusalem, entre Lydda et Joppé *(instruction du 5ème degré)* ; Ceci est confirmé dans le rituel du 3ème degré : « *Les deux surveillants quittent l'Orient pour aller vers l'occident pour chercher ce qui a été perdu … »*. Lydda

se trouvant entre 4 et 5 lieues de Jaffa (*nom moderne de Joppé*), ils ont donc transporté le corps sur environ 60 kilomètres. Pourquoi si loin ?

-   Ne se pourrait-il pas qu'ils aient été aidés dans cette entreprise macabre ? En effet, une dépouille commence à émettre des odeurs caractéristiques au bout de 3 jours. Une solution simple pour passer inaperçus avec un cadavre de plus de 3 jours est d'éviter toute rencontre de près et de loin !
-   Mais, ont-ils eux-mêmes transporté le cadavre ? rien n'est dit sur ce sujet.

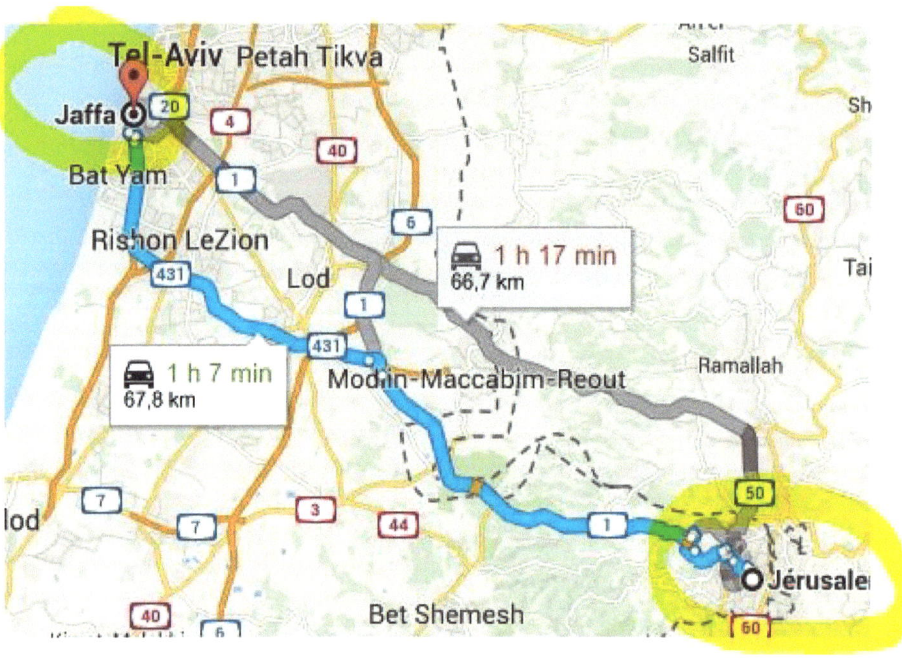

source : Google Maps

- Abiram se réfugie à Jaffa à 65 kilomètres de Jérusalem ; Jaffa est une des plus anciennes villes du monde, et fournit depuis toujours du travail pour la culture des oranges. Abiram y trouva un lieu où se cacher et où travailler, discret dans la masse innombrable des ouvriers.
- Mohabon, accompagné de 15 maîtres, reçoit de Salomon la mission de chercher le bijou du maître, et les auteurs du meurtre. Il retrouve le bijou du maître au fond du puits de la partie septentrionale du temple.
- Il suivra le météore apparu au dessus du puits (étoile flamboyante), qui le guidera jusqu'au monticule où reposait le corps.[60]
- Il continue ses recherches, et, plusieurs jours plus tard, décide de se reposer sur un monticule.
- Nous savons que tous les maîtres sont partis à la recherche d'Hiram, et qu'ils étaient plus de 90. Stolkin est celui qui trouvera le monticule planté d'une branche d'acacia (il était dans l'équipe de Mohabon).
- Il faut 9 jours de construction pour le mausolée, puis 3 jours de préparation des funérailles. Ce délai est suffisant pour Abiram et ses complices pour rejoindre Jaffa.
- Au jour J+12, se déroule la scène du 6ème degré.

---

[60]Notons le triptyque de l'astragale : astra (étoile) gal (pierre) et puits.

- Abiram [61] est pris de regrets, et prépare la scène qui lui permettra d'expier sa faute :
  - il se rend dans une caverne, retour dans la terre [62] ; l'expression « il attend » témoigne de la conscience qu'il a de son acte meurtrier,
  - près d'un buisson ardent, pour que la divinité soit témoin de son repentir,
  - éclairée d'une bougie, lumière de sa vie vacillante,
  - où coule une fontaine, pour laver son péché,
  - dépose un couteau à ses pieds, pour qu'une main vengeresse puisse s'en saisir ; ce couteau n'est pas là pour se protéger, mais pour que le vengeur s'en saisisse et accomplisse la vengeance.

- Johaben saisit le couteau, et frappe au front, lieu de la raison,
- puis au cœur, lieu de l'émotion et de l'amour.

Abiram se lève alors, et s'écrit alors : « NEKAM » (*vengeance*) avant de s'écrouler. Il attendait donc la mort, et cria pour que Dieu entende son repentir ! C'est lui le meurtrier qui revendique la vengeance, et non pas Johaben, qui ne dit rien. Intelligent, ce dernier ne peut manquer de s'interroger sur ce qui vient de se passer. Aurait-il commencé à comprendre qu'il a été

---

[61] Rappel du rituel du 9ème degré : *Il attend le supplice qu'il a mérité et qui doit servir d'exemple à tous.*
[62] Voir tableau de loge 2013-page 12 qui indique la proximité avec une étendue d'eau

manipulé ? ou bien que c'est sa mission depuis qu'il a compris ?

- Johaben, prend conscience de son acte non réfléchi, puis boit à la fontaine, afin de se laver de cette faute grave.

- Johaben est devenu le bras qui a aidé Abiram à se purifier de son crime. Ce qui paraissait un simple acte de vengeance devient une manipulation diabolique, Salomon connaissant bien le tempérament impulsif de son ami Johaben (il est son favori). Cela expliquerait pourquoi il en fit le chef des neuf élus, pour être bien sûr qu'il serait en tête de cortège.

Les huit autres élus, après avoir indiqué qu'ils tenteraient d'intercéder en faveur de Johaben auprès de Salomon, burent à leur tour à la fontaine, rejoignant ainsi Johaben dans le désir de se laver de sa faute.

Au retour au palais, Salomon ordonne à Stolkin de mettre Johaben à mort. Cela permettrait de faire taire définitivement celui-ci, dans le cas où Abiram lui ait parlé de son commanditaire.

En graciant Johaben, il montre *le cœur d'un bon Roi (se laisse toucher) et combien un tel cœur est empli de clémence*. Salomon tire bénéfice de sa clémence, et a déjà imaginé la suite du scénario. Mais il reste les deux complices : Osterfut et

Sterkin. Abiram leur a-t-il parlé du commanditaire ?

10ème degré

6 mois après la mort d'Hiram Abif et d'Abiram, Ben Akar, un des intendants de Salomon, a des informations sur les deux autres meurtriers. Ils seraient à Gath, à environ 50 kilomètres au Sud Ouest de Jérusalem.

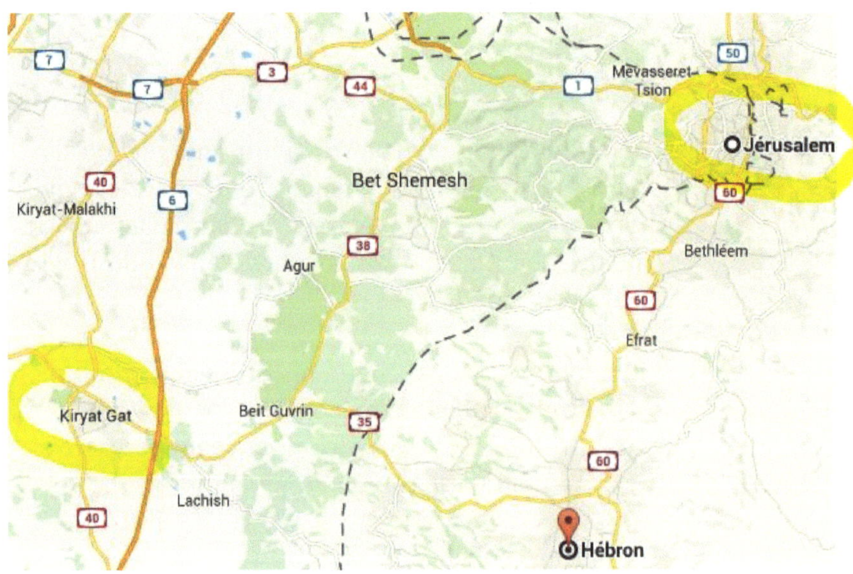

Source : Google maps

13[63] jours plus tard, Salomon l'apprend et dépêche 15 de ses plus dignes frères et plus zélés, dont les 9 élus, pour se rendre sur place. 13 jours plus tard à nouveau, soit le 28 juin, ils arrivent sur place.

Nous pouvons en déduire la date du meurtre :

28 juin – 13j – 13j – 6 mois = **début décembre 961 avant JC** (cf. plus haut).

Cela vient confirmer l'instruction du 3ème degré :

« Envisagé comme rite solaire, le drame d'Hiram peut se référer à la marche apparente du soleil : les trois meurtriers seraient alors les trois derniers mois de l'année, pendant lesquels le Soleil descend ... »

5 jours plus tard, Zerbal et Helsanah découvrent les meurtriers, eux aussi dans une caverne nommée Bendocar (ou Bendicat).

Le 15 juillet, ils arrivent à Jérusalem, et Salomon les fait enfermer dans la tour Achyar.

Le 16 juillet, à 8h, ils sont châtiés, puis achevés, par compassion, à 18h de la main du bourreau.[64]

Après 6 mois sans rumeur sur le commanditaire du crime, Salomon peut raisonnablement penser qu'ils ignoraient son nom. Cependant, le voilà assuré de leur silence éternel.

---

[63] Notons que le nombre 13 représente la carte sans nom dans le tarot symbolique, située entre les 2 cycles du parcours initiatique. C'est bien ce qui se passe ici.

[64] La question peut se poser des motivations des auteurs du rite à donner tant de détails précis ? N'avaient-ils pas le scénario global au moment de cette écriture ? une étude cabalistique viendrait peut-être éclairer ceci.

11ème degré

Il récompensera 12 des 15 maîtres qui étaient allés chercher les deux complices d'Abiram près de Gath, en leur donnant chacun la garde d'une des 12 tribus d'Israël.

En procédant à leur arrestation, et en montrant les têtes des meurtriers aux 3 portes de la ville, Salomon envoie un message voilé à Hiram de Tyr. Celui-ci comprendra que le stratagème élaboré au 6ème degré a porté ses fruits, et qu'enfin ils sont libérés de l'emprise « médiatique » d'Hiram Abif. C'est là une erreur d'appréciation profonde que l'histoire ne manquera pas de contredire. Le mythe de la mort d'Hiram naîtra rapidement, anéantissant le plan des deux rois.

12ème degré

Et enfin il créera *une école d'architecture afin d'instruire ceux qui conduisaient les travaux du Temple et aussi afin d'encourager et d'améliorer les vrais maçons dans l'Art Royal.*

De plus, il est précisé que *Salomon voulait récompenser le zèle, le savoir et la vertu des Sublimes Chevaliers Elus, de façon qu'ils s'approchent de plus en plus du céleste trône du Grand Architecte de l'Univers …* quelle ambition ! en disant cela, il se situe lui-même plus proche qu'eux du céleste trône, en argumentant qu'il s'agit de rendre effective la promesse que Dieu avait faite à Enoch, Noé, Moïse et à David.. il se confirme que son ego est bien démesuré.

13ème degré

Salomon sera désigné comme *Ce sage souverain, toujours plein de justice et prévoyant l'avenir !* « Prévoyant l'avenir », ce qui conforte l'intelligence de Salomon à élaborer le plan ! Mais ce succès enivrant envenimera son ego, et le conduira à sa perte à la fin de son règne.

Notons qu'Hiram de Tyr est de retour dans ce degré. Plus de 6 mois après la précédente rencontre avec Salomon, et une nouvelle alliance, l'affaire des terres sans valeur est soldée depuis longtemps. Qu'est-ce donc qui justifie le retour du roi de Tyr à Jérusalem ? Serait-il revenu pour « fêter » la réussite totale de la nouvelle alliance scellée au 6ème degré ?

14ème degré

Notons d'abord qu'Hiram de Tyr est à nouveau présent dans ce degré. Peut-être souhaite-t-il inscrire son nom dans la transmission[65] du nom sacré, au côté de celui de Salomon.

Au Xème siècle avant notre ère, Salomon, dans sa grandeur, reçoit la pierre d'agate des mains de Stolkin, et la fait remettre au fond de la neuvième arche. Il tente ainsi d'inscrire son nom dans l'histoire de la transmission du nom sacré. Ce n'est que quatre siècles plus tard (-587)

---

[65]Mission Entre (langue des oiseaux) : qu'y-a-t-il entre les deux rois ?

que la pierre sera martelée, mais c'est une autre histoire,
qui sort du cadre de la présente étude.

*Salomon fit promettre aux plus vertueux des chevaliers
de royal arche de s'assister mutuellement dans le besoin,
de punir sévèrement la trahison, la perfidie et l'injustice.*
Salomon semble croire que l'Eternel n'a pas vu tout ce
qui vient de se passer.

QUEL SENS DONNER A TOUT CELA ?

Des maximes complétées

A l'issue de la cérémonie de réception au 3ème degré, le maître maçon du REAA peut se poser plusieurs questions :

- Quand a eu lieu le meurtre ?
- Qui a tué ?
- Pourquoi ?
- Où a été enfoui le corps ?
- A qui profite le crime ?
- Y-a-t-il un message caché ?

La légende salomonienne connaît ici une autre lecture symbolique. En effet, derrière Salomon le sage, nous découvrons peut-être un roi mégalomane, et manipulateur.

Le maçon, qui s'est vu dans le miroir au 1er degré, ne doit pas oublier que le roi Salomon est en lui. Derrière le miroir se cache les 3 mauvais compagnons, mais également :

- Salomon le comploteur,
- Johaben le fougueux peureux,
- Hiram de Tyr le colérique,
- Adoniram l'ami du maître assassiné,
- Stolkin l'homme de confiance,

- Zerbal l'ami de Salomon,
- Jakin de la famille de Salomon,
- Mohabon l'homme vertueux,
- Booz le consolateur,
- Johaben le favori,
- Tito le prince,
- Abiram le « *Barabas*[66] » repenti,
- et enfin Galaad l'héritier d'Hiram Abif.

Cela fait beaucoup d'aspects à étudier dans son propre miroir. Voici de nombreuses portes ouvertes pour se connaître soi-même. Le chemin est beaucoup moins simple qu'il n'y paraissait dans une lecture au premier degré. Une nouvelle lumière apparaît à l'horizon, et c'est bien ici que se trouve le vrai travail du maçon : se forger sa propre idée, sans a priori, sans aucune limite à la recherche de la vérité.

---

[66] Sur la croix, Barabas demanda pardon à Jésus pour ses péchés, avant de mourir lui aussi.

Quel est l'impact de ce qui précède sur le symbolisme usuel?

Au 3ème degré, la préméditation ferait de ce crime un assassinat. Mais si les trois compagnons avaient bien prémédité le souhait de connaître le mot en se postant aux trois portes du temple, tuer Hiram ne figurait peut-être pas dans leur plan initial.

Le fanatisme est peut-être celui d'Abiram qui porte le coup mortel. L'ignorance est-elle celle des trois compagnons qui ignorent qu'ils sont manipulés par Abiram ?

Johaben, le leader du groupe qui a porté le coup mortel à Abiram, est ambitieux. Le fanatisme de Johaben l'a conduit à obéir aveuglément à Salomon.

Le récipiendaire devient dès lors songeur comme Hiram Abif, attentif à ne pas faire de l'ombre aux deux rois. Le maçon doit garder à l'esprit que son travail doit s'accomplir dans la discrétion. Il doit être attentif à ne pas déstabiliser l'ordre établi par ses prédécesseurs, l'Ordo dans le Chaos, à découvrir l'Ordre inclus dans le Chaos. Il faut être humble pour aborder les degrés qui suivent le degré de maître. Le maçon est un homme **HUMBLE**.

Au 4ème degré, le maître secret doit s'interroger sur la mise en œuvre de son devoir, sur les causes et effets de cet accomplissement. Il doit découvrir que ce devoir doit s'inscrire dans un ensemble cohérent, et non pas en faire une vérité personnelle dogmatique. Accomplir son devoir impose d'en connaître les limites.

Après avoir pris conscience de son devoir de maçon, il doit l'intégrer dans l'ensemble de ses devoirs envers lui-même, envers sa patrie, et envers l'humanité. Le maçon est un homme de **DEVOIR,** à la recherche de la parole perdue.

Au 5ème degré, le maître parfait promet fidélité aux vertus d'Hiram Abif, par l'épée dans le cœur du Maître. Ces vertus comptent notamment celles de la perfection de l'œuvre, de la vision intemporelle de l'œuvre, et du dévouement total à l'œuvre. Le maçon est un homme **FIDELE**[67].

Au 6ème degré, le secrétaire intime doit lire les faits du monde dans la continuité du degré précédent, c'est-à-dire en les basant sur les vertus de l'œuvre. L'indiscrétion de Johaben ne doit pas masquer les discussions secrètes entre le roi maître d'ouvrage (SALOMON) et le roi fournisseur des matières premières de l'œuvre (HIRAM de TYR). Leur action combinée permet l'accomplissement de l'œuvre, mais elle conduit également à créer les conditions favorables pour que les 3 mauvais compagnons surgissent dans l'esprit du maçon. Ce degré renvoie à l'origine symbolique de l'apparition du 3ème degré. Le maçon est un homme de **PARDON**.

Au 7ème degré, le prévôt et juge s'érige en gardien fidèle du coffre en ébène. En ce sens, le jugement du maçon

---

[67]de Fides : foi

doit toujours s'appuyer sur les vertus d'Hiram Abif. Le maçon est un homme **JUSTE**.

Au 8ème degré, l'intendant des bâtiments est reconnu comme tel par la ferveur de son travail. Le maçon ne peut solliciter une reconnaissance, autre que *« mes frères me reconnaissent comme tel »*. Cette devise s'applique à tous les degrés du REAA. Le maçon est un homme **COURAGEUX**.

Au 9ème degré, le maître élu doit chercher au-delà de son réflexe primaire de venger le crime. La vengeance doit être considérée sous ses deux aspects : celui du coupable qui créée les conditions de son propre châtiment, celui du bourreau qui se laisse emporter par sa fougue. Le maçon se doit de bien appréhender les conséquences de ses paroles, de ses actes, avant de les accomplir. Le maçon doit connaître la **PERSEVERANCE**.

Au 10ème degré, l'illustre élu des quinze rassemble les éléments du puzzle de la légende salomonienne. Il parachève la vision d'ensemble de la légende, ce qui conduit immanquablement à respecter les opinions de chacun. Le maçon est un homme **RASSEMBLEUR**.

Au 11ème degré, le sublime chevalier élu reçoit la direction d'un des 12 tribus d'Israël. Le maçon doit se préparer à recevoir la mission de **GUIDE** dans le rite.

Au 12ème degré, le grand maître architecte prépare la transmission des plans de l'œuvre. Le maçon est un homme qui **TRANSMET le visible**.

Au 13ème degré, le chevalier de Royal-Arche reçoit la connaissance par le mot sacré. Il en devient le gardien. Le maçon est un homme qui **TRANSMET** l'invisible.

Au 14ème degré, le Grand Elu, parfait et sublime maçon détruit les traces visibles du secret. Il le rend ainsi **ETERNEL**. Le Grand Elu, parfait et sublime maçon est un homme qui éclaire : par le partage du pain et du vin, il est **PORTEUR DE LUMIERE**. Il permet ainsi que soit prononcée, au 3ème degré, la phrase : « *le maitre est retrouvé et il reparait aussi **radieux** que jamais* ».

Y aurait il un message caché ?

Nous noterons que Mohabon, ami intime de Salomon, se reposa sur le monticule où fût retrouvé le corps du maître. Mort, il laissera une veuve sans enfant. Elle se remariera avec Booz (5ème degré 1992).

Est-ce le fruit du hasard ?

- Que le porteur d'un nom qui ressemble étrangement au mot substitué de Maître (**Moabon**),
- Suive **l'étoile flamboyante**, apparue au dessus du puits,
- Qu'elle le conduise auprès du **corps du maître** ;
- Qu'il laisse une **veuve**, qui n'est pas de Nephtali, mais du pays de Moab,
- Qu'elle se remarie avec un homme portant presque le nom de la **colonne d'apprenti,**

peut nous laisser songeur.

Comment ne pas y voir une piste à peine voilée dans une lecture non séquentielle du rite ? Cela fait beaucoup de coïncidences …

THE
GREAT
SEA
Tyre
Dan
Asher
Naphtali
Mt. Carmel
SEA OF CHINNERETH
Zebulun
Issachar
Megiddo
Manesseh
Jordan River
GILEAD
AMMON
Shiloh
Gad
Ephraim
Bethel
Jericho
Original land given to Dan
Benjamin
Jerusalem
Reuben
Judah
DEAD SEA
Hebron
Arnon River
PHILISTINES
Beersheba
MOAB
Simeon
THE 12 TRIBES OF ISRAEL

Mais alors,

Peut-on réfuter à priori l'idée, dans une lecture symbolique, qu'Hiram serait le fils Booz et de Ruth, la veuve de Moabon ? Que nous serions tous héritiers de Mohabon et de Boaz ?

Dans cette hypothèse :
- le mot substitué serait déposé secrètement dans l'esprit de l'apprenti lors de la conception de celui-ci (initiation au 1er degré)
- l'étoile flamboyante guiderait l'apprenti vers la maîtrise (au 2ème degré)
- le maître retrouverait le mot substitué déposé en lui par ses parents (3ème degré),
- puis devrait mourir pour laisser une veuve,
- qui s'unirait à la colonne d'apprenti,
- pour enfanter un nouveau Maître,
- et ainsi de suite …

Ainsi, nous serions tous fils de la veuve du Maître, qui a suivi l'étoile, et de la colonne de l'apprenti ! Aucun Maître Franc-maçon ne peut rester indifférent à ceci !

Autant d'indices troublants pour celui qui cherche !

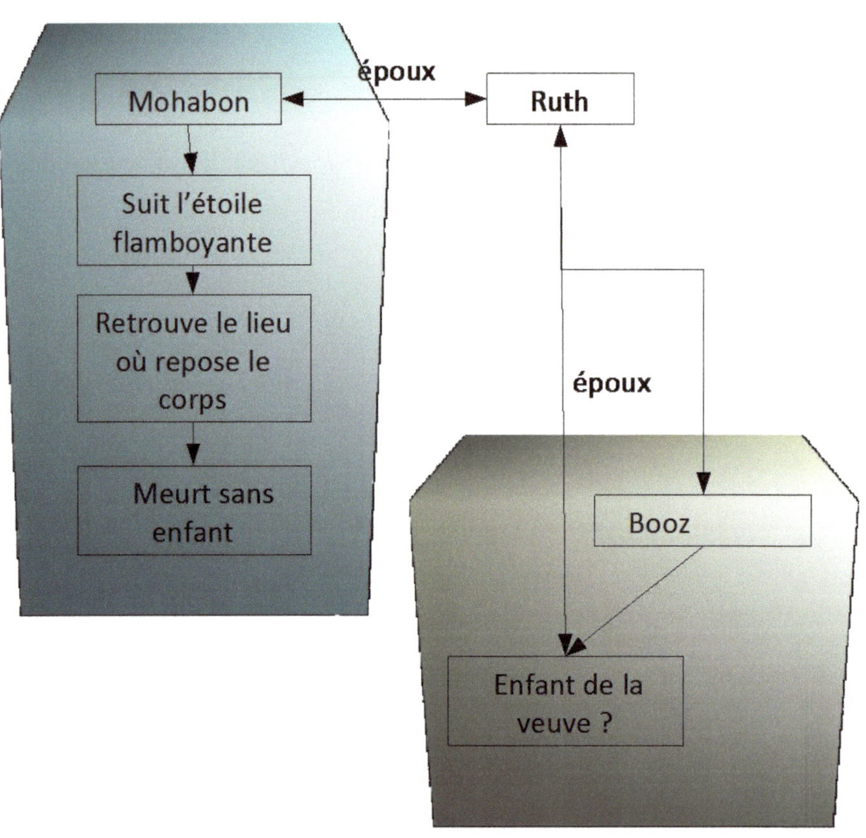

Mohabon
époux
Ruth
Suit l'étoile flamboyante
Retrouve le lieu où repose le corps
Meurt sans enfant
époux
Booz
Enfant de la veuve ?

EPILOGUE

Quelque temps plus tard, lors d'une soirée entre amis, il pensa soudain que le rameau d'acacia n'avait pas changé de place, mais que c'est simplement lui qui s'était déplacé.

REMERCIEMENTS

Je tiens à remercier tous les francs-maçons répartis sur la surface de la terre, et plus particulièrement:

- La fondation Latomia, sans laquelle je n'aurais pu plonger dans l'histoire des rituels maçonniques,
-
- Les Suprêmes Conseils en France qui ont conservé et transmis le Rite Ecossais Ancien et Accepté depuis plus de deux siècles, et en particulier Jacques B qui m'a éclairé sur la source des documents utilisés,

- Jean Jacques Z 33, Jean D 33, Michel L 32, Percy John H 31, Christian G 30, Jean Claude T 18, Bernard F 18, pour leur contribution active,

- Tous les cherchants de tous les temps qui cultivent et transmettent cette part d'humanité et d'amour qui est en chacun de nous.

A eux tous, je dis *« merci et courage »* pour avoir la force de continuer à préserver ce trésor inestimable.

Pascal NIVARD 30ème   © 2018

POSTFACE

Ce qui précède n'est qu'une vision différente de cette légende si célèbre de tous temps chez les francs-maçons, un changement de regard. Elle n'est pas la vérité, ni historique, ni symbolique, mais juste une reconsidération de la légende d'Hiram, dans une appréhension globale de la légende écrite.

Si cette étude conduit le lecteur à reconsidérer ce qu'il a cru pour unique vérité depuis son accession au 3ème degré, alors ce travail aura rempli son office. Vos commentaires et suggestions seront les bienvenus.

Nous pouvons maintenant nous poser la question :

A QUI
PROFITE LE
CRIME ?

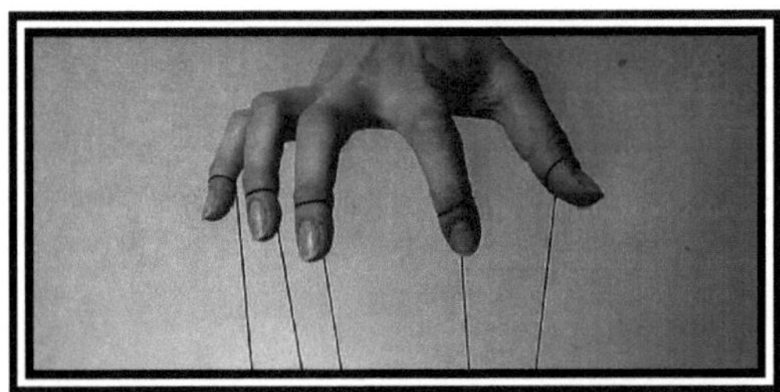

Nous découvrirons dans le *TOME 2 : les plaidoiries (des parties civiles et de la défense)*, et les éléments d'appréciation qui permettront au lecteur d'élaborer plus avant son intime conviction, et sa propre vision symbolique du mythe d'HIRAM.

A SUIVRE

…

L'AFFAIRE
HIRAM

L'affaire Hiram est une enquête policière : analyse des faits, audition des témoins, reconstitution de l'histoire, et hypothèses qui en découlent. Mais peut-être que tout n'est pas écrit !! Y aurait-il un message caché dans le mythe ? Quel lien y-a-t-il entre Moabon et les enfants de la veuve ? A qui profite le crime ? Le symbolisme s'éclaire sous un jour nouveau.

Ce livre s'adresse aux maçons et maçonnes qui ont reçu le 14ème degré du Rite Écossais Ancien et Accepté (REAA). Les autres peuvent le lire, mais risquent de se priver d'émotions quand ils recevront un jour ce degré.

Pascal Nivard est un Franc-maçon titulaire du 30ème degré du REAA, membre du Suprême Conseil de Méditerranée, membre fondateur du Suprême Conseil d'Aquitaine, et membre de la Grande Loge Mixte Nationale. Il milite pour la liberté du Maçon, considérant que les organisations maçonniques ont pour mission d'accompagner chacune et chacun dans leur parcours initiatique, et surtout pas d'interdire quoique ce soit.